Martin Luther King

Brigitte Labbé • Michel Puech

Illustrations de Jean-Pierre Joblin

MILAN
jeunesse

En faisant défiler rapidement les pages de ce livre, le dessin situé juste au bas de la page de droite s'animera. Chaque livre de la collection *De vie en vie* a son *flip-book*.

1er décembre 1955 : le jeudi noir de Rosa Parks

Ce jeudi 1er décembre 1955 est un mauvais jour pour Rosa Parks. Elle pensait rentrer tranquillement chez elle, comme tous les soirs après sa journée de travail, et voilà qu'elle risque de passer la nuit en prison.

Tout a commencé dans un bus. Un bus normal : les quatre premiers rangs réservés aux Blancs, même si les sièges sont vides aucun Noir n'a le droit de s'y asseoir, les sièges du milieu permis aux Noirs, mais les Blancs ont la priorité, et le fond du bus pour les Noirs. Un bus comme tous les bus de Montgomery,

la ville du sud des États-Unis d'Amérique où habite Rosa Parks. Épuisée par sa journée, Rosa est soulagée de trouver une place assise, dans la zone du milieu. Elle est noire, alors, quand un jeune homme blanc qui vient de monter lui demande de lui laisser son siège, elle n'est pas étonnée. Heureusement, les trois hommes noirs assis à côté d'elle acceptent de se lever, elle peut rester assise.

4

Mais une place, trois même, ne suffisent pas à ce jeune homme. Il veut que Rosa s'en aille aussi, il ne supporte pas d'être assis près d'une Noire. Il lui hurle dessus pour qu'elle se lève,

le conducteur arrête le bus, fonce vers Rosa Parks pour l'obliger à bouger. Rosa ne se lève pas, elle est fatiguée, elle ne se voit pas faire le reste du voyage debout, le trajet est long jusqu'à sa banlieue. Comme elle ne se lève pas, le conducteur appelle la police.

Voilà comment Rosa Parks se retrouve, ce jeudi soir, au poste de police.

Cela ressemble à une histoire de fous : une femme de 42 ans refuse de laisser sa place à un jeune homme et risque la prison ! Mais que se passe-t-il dans la tête de ce jeune homme, du conducteur du bus, des policiers ?

Les Blancs d'un côté, les Noirs de l'autre

Rosa Parks est née en 1913 dans le sud des États-Unis. Si elle était née un siècle plus tôt,

5

elle aurait été une esclave, la propriété d'une famille blanche, comme un objet ou un champ. Ses grands-parents, comme les grands-parents, arrière-grands-parents de tous les Noirs des États-Unis, étaient des esclaves. Ils ont été capturés en Afrique et emmenés de force pour travailler dans les champs de coton du sud des États-Unis.

Rosa Parks n'est pas une esclave, elle est libre, elle gagne sa vie comme couturière, elle n'appartient à personne. Parce qu'après plusieurs lois, dans les années 1860, et après une guerre que les Blancs du Sud ont perdue contre les Américains du Nord, l'esclavage a été interdit.

Les Noirs ont eu des papiers d'identité, ils sont devenus citoyens américains, avec les mêmes droits que les Blancs.

Ça, c'est ce que dit la loi.

Le jour où Rosa Parks est arrêtée, cela fait 80 ans que la loi interdit les différences entre les Blancs et les Noirs dans les transports, mais certains États du Sud s'en fichent totalement. De nombreux Blancs du Sud sont encore humiliés d'avoir perdu la guerre et regrettent le temps de l'esclavage. Ils provoquent les dirigeants du Nord en refusant d'appliquer leurs lois, même les policiers, même les shérifs, même les maires et les gouverneurs. La loi donne le droit aux Noirs d'aller à l'université, mais, le jour de la rentrée, le gouverneur de l'État d'Alabama leur a bloqué la porte d'entrée. Les Noirs ont le droit d'aller voter, mais des groupes de Blancs menacent de mort les Noirs

7

qui s'inscrivent dans les bureaux de vote, brû-
lent leurs maisons, parfois même ils pendent
quelqu'un pour effrayer les autres. Si un enfant
blanc joue avec un enfant noir, ses parents le
punissent, les Noirs et les Blancs ne vont pas
dans les mêmes églises, et même morts ils
sont séparés : il y a des cimetières pour les
Blancs et des cimetières pour les Noirs. Quand
on leur reproche de ne pas respecter la loi, les
dirigeants du Sud disent que c'est faux, que
personne n'empêche les Noirs de vivre comme
les Blancs, d'avoir leurs écoles, leurs universités, leurs hôpitaux, leurs restaurants, leurs
cinémas... mais de leur côté, loin des Blancs.
« *Noirs et Blancs sont séparés, mais égaux* »,
disent-ils. Sauf que, quand on a eu des grands-
parents esclaves, on n'a pas assez d'argent
pour créer des universités, des hôpitaux, des
sociétés de transport...

Alors ce jeudi, dans la tête du jeune homme blanc, du conducteur blanc, des policiers blancs, il se passe ce qui se passe dans la tête de la plupart des Blancs du Sud : un Noir, ce n'est pas un être humain. Même pas un objet. C'est un microbe. Et un microbe, ça s'évite, ça se chasse.

Dans le sud des États-Unis, à l'époque de Rosa Parks, le racisme et la violence contre les Noirs sont profondément installés dans la tête et le cœur de beaucoup de Blancs.

Tout le monde à pied

Rosa Parks est sortie de prison. Aux États-Unis, on peut payer une caution pour sortir de prison en attendant de passer devant un tribunal. Elle attend, inquiète, son jugement. Mais elle n'est pas seule. Le vendredi,

9

le lendemain de son arrestation, une association de défense des Noirs de Montgomery crée le comité de défense de Rosa Parks. Ils décident, en signe de protestation, de demander aux Noirs de ne pas prendre le bus lundi, et ils élisent un président, un homme de 26 ans, Martin Luther King. Ils n'ont ni télévision ni radio pour faire passer l'information. Mais ils ont des églises.

La plupart des Noirs du Sud vont à l'église, leurs ancêtres sont devenus chrétiens au temps de l'esclavage. Croire en Dieu leur donnait de l'espoir, prier et chanter ensemble les aidait à supporter leur vie.

Le samedi et le dimanche, dans toutes les églises noires de la ville, les pasteurs lancent l'appel : « *Nous ne pouvons pas nous asseoir où nous voulons alors que nous payons nos trajets comme tout le monde. Lundi, pour*

10

montrer notre désaccord, ne prenons pas le bus. » Cela s'appelle un boycott. Un boycott des bus.

Martin Luther King lance l'appel, il est pasteur, c'est-à-dire prêtre dans une église baptiste, l'église de l'avenue Dexter, dans un quartier noir de Montgomery. Ses parents lui ont payé des études à l'université, et il a obtenu les diplômes pour devenir professeur de religion. Il veut partir enseigner dans le Nord, le racisme y existe aussi, mais il y a beaucoup moins de violence. Coretta, sa femme, n'a aucune envie non plus de rester dans le Sud, elle a arrêté ses études de musique pour suivre Martin à Montgomery, mais elle espère en partir vite.

Ils sont jeunes, beaux, ils ont de l'argent, des diplômes, ils peuvent s'installer là où la vie est moins dure pour les Noirs. Pour l'instant,

11

Martin a accepté d'être pasteur, comme son père, mais seulement pour deux ou trois ans.

Il ne sait pas encore qu'il ne sera jamais professeur, ils ne savent pas encore qu'ils n'habiteront jamais dans le Nord.

Ils ne savent pas que leur vie ne ressemblera pas du tout à la vie qu'ils avaient prévue.

Ils marchent

12

Lundi 5 décembre 1955 : pas un Noir dans les bus. Personne n'avait prévu un tel succès. Le mardi, le boycott recommence. Le mercredi, pareil.

« *Mes pieds sont fatigués, mais mon âme est en paix* », dit une dame noire de 70 ans. Rosa Parks n'est pas la première Noire arrêtée sans raison, cela arrive tout le temps, mais c'est la première fois que des Noirs s'organisent pour

résister, et, comme dit cette dame, cela fait du bien à l'intérieur, résister à l'injustice donne des forces et redonne une fierté.

Jeudi, vendredi, ça continue.

La solidarité fonctionne, les gens qui ont des voitures emmènent leurs voisins, les 210 chauffeurs noirs de taxi baissent leurs prix, même des Blancs participent au boycott, indignés eux aussi par ce qui est arrivé à Rosa Parks.

Samedi, dimanche, lundi, ça continue.

Les Noirs des autres États du Sud se mettent au boycott, puis ceux du Nord, et de plus en plus de Noirs refusent de monter dans les bus, partout aux États-Unis.

Cela va durer 12 mois et 16 jours.

Et alors ? Après tout, ça n'embête qu'eux, s'ils veulent faire des kilomètres à pied, c'est leur problème, se disaient les Blancs, au début. Pas si simple : les Noirs payaient les bus, les patrons blancs des compagnies de transport commencent à avoir peur, ils manquent d'argent, si ça continue, ils ne vont plus pouvoir payer les conducteurs, ni l'essence, ni l'entretien des bus, les dollars ne rentrent plus. Le boycott touche pile là où ça fait mal : les dollars.

14

Le pire pour les Blancs, c'est qu'il n'y a rien à faire : impossible de mettre en prison quelqu'un parce qu'il refuse de prendre le bus.

La non-violence selon Martin Luther King

Dans la maison des King, à Montgomery, sur le mur de la salle à manger, il y a le portrait d'un homme que Martin Luther King admire : le Mahatma Gandhi.

15

Martin Luther King sait comment Gandhi a combattu sans violence les Anglais qui occupaient son pays, l'Inde. Il pense, comme lui, que la violence, même pour réagir aux pires injustices, ne résout rien, qu'elle ne fait qu'une chose, entraîner plus de violence.

Chaque week-end, dans son église, Martin Luther King parle des idées de Gandhi pour

combattre les injustices. D'abord par des actions qui respectent la loi, mais mettent la pagaille, comme le boycott. Si des millions de personnes décident de boycotter une marque de chaussures parce que des enfants travaillent dans les usines qui fabriquent ces chaussures, les fabricants auront un gros problème. Il y a des chances qu'ils décident de ne plus faire travailler d'enfants, et de payer plus cher des ouvriers adultes plutôt que de tout perdre. Si des milliers, des millions de personnes s'y mettent pendant suffisamment longtemps, le boycott est un moyen d'action très efficace : aucune loi ne peut l'interdire, tout le monde peut y participer, il n'y a rien de spécial à faire, il suffit de ne pas faire. Personne n'est agressé, c'est 100 % non-violent.

Dans son église, Martin Luther King explique : « *L'obscurité ne peut pas chasser l'obscurité, seule la lumière le peut. La haine ne peut pas chasser la haine, seul l'amour le peut.* »

Mais parfois ces actions ne suffisent pas. Parfois il faut désobéir à la loi, pour montrer à tout le monde que la loi est injuste, explique Martin Luther King. Si le boycott ne suffit pas, peut-être faudra-t-il monter dans les bus et s'asseoir à l'avant, aux places réservées aux Blancs. La police viendra, évidemment, mais, face à ses menaces, l'important sera de ne pas fuir, de ne pas se battre. À la force physique des dirigeants, dit-il, il faut réagir par la force de caractère, la force du cœur, de l'âme. Rester calme, se laisser passer les menottes, aller en prison sans résister, la tête haute. Martin Luther King pense, comme Gandhi, que la force de l'âme, la désobéissance dans le calme, gagnera contre la force physique. Même si cela prend beaucoup de temps.

17

Un jour, les prisons déborderont, les dirigeants ne sauront plus quoi faire, le pays sera
complètement désorganisé, tout le monde se
rendra compte qu'il y a un vrai problème, et
les changements de lois viendront.

30 janvier 1956 : explosion

18

Deux mois après le début du boycott des bus,
la maison de la famille King à Montgomery
vole en éclats. Dynamitée.

Heureusement, ni Coretta, ni Yoki, leur première fille, n'est blessée. Martin, lui, n'était pas encore rentré.

Le message est clair, Martin Luther King énerve et inquiète les Blancs. Si on essaie de lui faire peur, de le tuer, de tuer sa famille, c'est bien la preuve qu'il a une grande influence sur les gens, que ses sermons dérangent, que ses idées sur la non-violence inquiètent le pouvoir blanc, qu'elles sont soupçonnées d'être efficaces.

La puissance de la loi

Le 20 décembre 1956, Martin Luther King est prévenu que la loi de l'État d'Alabama qui sépare Blancs et Noirs dans les bus est déclarée hors-la-loi, qu'elle doit disparaître immédiatement.

Les États-Unis sont découpés en une cinquantaine d'États, tous unis dans la même nation, c'est pour cela que le pays s'appelle les « États-Unis » d'Amérique. Chaque État est comme un petit pays, avec une capitale, un chef – le gouverneur – et des lois. Au-dessus des États, il y a un grand chef, le président des États-Unis, et, au-dessus des lois des États, il y a des grandes lois, que l'on appelle la Constitution des États-Unis.

Neuf juges vérifient que les lois des États respectent bien la Constitution américaine, ils forment un groupe que l'on appelle la Cour suprême, un tribunal-spécial, qui juge des lois, pas des gens.

Comme le boycott met un grand désordre dans tout le pays, les juges ont examiné de plus près cette loi de l'État d'Alabama sur la séparation dans les bus. Ils ont bien vu que cette loi contredit la Constitution, puisque la Constitution dit que les hommes sont égaux entre eux, quels que soient leur couleur de peau, leur sexe, leur religion. On voit bien le problème : si la Constitution déclare que les hommes sont égaux, pourquoi ne sont-ils pas égaux dans les bus ? Les 9 juges ont tranché : l'État d'Alabama a tort, il doit respecter la Constitution et supprimer cette loi.

21 décembre 1956 : première victoire

Le lendemain, le 21 décembre, Martin Luther King annonce la fin du boycott, les Noirs de l'État d'Alabama remontent dans les bus et peuvent s'asseoir où ils veulent.

On peut se dire qu'on se fiche de s'asseoir à l'avant ou à l'arrière d'un bus, mais quand une interdiction est liée à la couleur de la peau,

c'est monstrueux. Cette victoire n'est pas une victoire sur la compagnie des bus, c'est une victoire sur la loi raciste de l'État d'Alabama. La première remportée par la population noire du Sud. La bataille a été non-violente, la loi a été respectée.

Réveiller la loi, réveiller les cœurs

Martin Luther King a compris : il vit dans un État raciste, au milieu de Blancs racistes, mais il vit aussi dans un pays qui respecte sa Constitution comme un texte sacré, il vit dans un des premiers pays du monde qui a écrit dans ses lois que

les hommes sont égaux. Cette loi dort, mais, n'empêche, elle existe.

À 26 ans, Martin Luther King se donne une mission : réveiller la loi, la faire appliquer dans les États du Sud.

Mais les lois se réveilleront seulement si les cœurs se réveillent.

Au poste de police, les policiers ont mis les doigts de Rosa Parks dans de l'encre pour prendre ses empreintes, et quelqu'un a eu la bonne idée de prendre une photo juste à ce moment-là. Cette photo est choquante : une femme, assez âgée, bien habillée, à l'air sage et timide, qui n'a rien fait d'autre que rester assise à sa place, traitée comme une criminelle. Ce genre de photo a touché le cœur de milliers de personnes, comme les images que les Américains ont vues à la télévision : des femmes noires, âgées, marchant sous

23

le soleil, des enfants noirs faisant des kilomètres à pied pour aller à l'école… Tout cela a fait beaucoup de publicité au boycott, tout cela donne mauvaise conscience aux Blancs, bien plus que tous les discours sur le racisme.

Quand on voit une photo d'un enfant qui meurt de faim, cela touche, fait pleurer, révolte, bien plus que si on entend : « *Tu sais, il y a des enfants qui meurent de faim.* »

24

Martin Luther King a compris cela : la force des images, des photos, la puissance des journaux, de la télévision, des journalistes.

Martin Luther King deviendra peu à peu un professionnel de la communication, un créateur d'émotion, il va se servir de la télévision et des journaux comme d'une arme pour réveiller les cœurs.

Savoir pourquoi l'on vit

Pas question d'être un Robin des Bois des Noirs en devenant un hors-la-loi. Pas question de poser des bombes, d'organiser des attentats, de menacer les Blancs. Non. Pourtant Martin Luther King n'est pas un rêveur, il ne compte pas envoyer à la Cour suprême une lettre bien polie pour demander que la loi soit appliquée. Non, il va combattre.

Il a une arme : la loi des lois, la Constitution.

Il a des moyens d'action : les actions non-violentes, la télévision, les journaux.

Il a une armée : des millions de Noirs.

Il a du talent : il sait parler aux foules, les chauffer, et les entraîner derrière lui.

Il a du temps : sa vie.

Il a la foi : il est prêt à mourir pour ce combat.

« Si un homme n'a pas trouvé pour quoi il serait prêt à mourir, il n'a pas trouvé pourquoi vivre », a dit un jour Martin Luther King. Il a trouvé, lui, pourquoi il vit.

Bazar dans la cafétéria

Quand Mary a fini ses courses et se dirige vers la cafétéria du centre commercial de Greensboro, en Caroline du Nord, pour déjeuner, elle croit rêver. Ou plutôt cauchemarder. Des Noirs, elle a vu des Noirs ! Elle fait une tête pire que si elle avait vu une soucoupe volante pleine de Martiens se poser sur le parking du centre commercial. Cette cafétéria est interdite aux Noirs. Mary n'y déjeune qu'avec des Blancs, d'ailleurs elle n'a jamais mangé à côté d'un Noir, les restaurants où elle va leur sont interdits.

Et ce jour-là ce n'est pas un Noir qu'elle voit, mais des dizaines de Noirs, des jeunes, tous assis par terre. Mary voit bien qu'ils ne menacent personne, qu'ils sont simplement assis, mais elle est au bord de la crise de nerfs. Elle court téléphoner à la police, ils n'ont pas le droit d'être là.

27

Ils ont décidé de rester là jusqu'à ce qu'on supprime la loi qui interdit aux Noirs les cafétérias des centres commerciaux, certains cinémas, hôtels, bibliothèques… Il y a 4 ans, le boycott des bus a fait changer une loi. Alors pourquoi un *sit-in*, c'est le nom de leur action, n'y arriverait-il pas ?

Martin Luther King connaît bien ces jeunes, ce sont des étudiants qu'il encourage depuis la création de leur organisation, le Comité non-violent de coordination des étudiants. Des associations de défense des Noirs sont nées partout dans le pays, Martin Luther King voyage beaucoup pour aller voir tous ces groupes et leur enseigner la lutte non-violente contre les injustices. Celui qui voulait devenir professeur de religion enseigne maintenant

28

la résistance, la désobéissance aux lois injustes, la force des actions non-violentes.

Les policiers sont venus dans la cafétéria, ils ont expulsé les étudiants de force, à coups de matraque, ce *sit-in* a provoqué beaucoup de violence.

Pas facile de trouver la frontière entre la violence et la non-violence. Même Martin Luther King aura du mal.

29

Une chose est sûre, il ne poussera jamais personne à utiliser directement la violence. Si tuer cent Blancs permettait de libérer des milliers de Noirs, Martin Luther King serait contre. Si tuer un seul Blanc libérait des milliers de Noirs, il serait toujours contre. Contre la moindre bagarre, même s'il était sûr de gagner. Pour lui, la non-violence est une croyance, pas une simple tactique.

1962 : « Bonjour Monsieur le Président »

« *Bonjour Monsieur le Président.* » Martin Luther King a 33 ans, il n'a pas le droit de s'asseoir à côté d'un Blanc au cinéma, mais il vient de serrer la main blanche de l'homme le plus puissant des États-Unis, John Fitzgerald Kennedy, le président.

John Kennedy est inquiet. Des Blancs ultra-violents sèment la terreur, il y a aussi des organisations noires qui commencent à mettre le pays à feu et à sang, il a peur que son pays soit au bord d'une guerre civile, une guerre entre Américains.

Depuis le *sit-in* des étudiants noirs, alors qu'il n'était pas encore président, Kennedy soutient Martin Luther King. Martin Luther King est souvent arrêté et mis en prison pour des histoires de permis de conduire, des problèmes d'impôts, des participations à des manifestations interdites… Les dirigeants du Sud cherchent sans arrêt des prétextes pour l'enfermer, et plus d'une fois Kennedy a téléphoné à des juges ou à des policiers pour le faire libérer.

Tout devrait donc être simple maintenant qu'il est devenu président ! Pourquoi ne fait-il pas disparaître une fois pour toutes ces lois racistes ? Plus de loi raciste, plus de problème, le pays redeviendra calme.

C'est plus compliqué. Le président est coincé : il veut supprimer les lois racistes des États du Sud, mais comment le faire accepter aux Blancs ? Comment éviter que les Blancs se révoltent, se vengent ? Annuler la loi raciste ne supprime pas le racisme installé dans la tête des gens. Faire disparaître une loi ne fait pas

apparaître d'un coup de baguette magique la tolérance et le respect. La loi peut dire qu'un Noir a le droit de vivre dans tel immeuble, mais, si tous les Blancs de cet immeuble l'attendent avec une carabine le jour où il arrive, comment faire ?

C'est pour chercher des solutions que John Kennedy rencontre aujourd'hui Martin Luther King. Ils ne travailleront pas longtemps ensemble, John Kennedy sera assassiné quelques mois plus tard, le 22 novembre 1963.

Traître !

Beaucoup de Noirs sont furieux, ils ne comprennent pas que leur frère, un Noir comme eux, soit ami et travaille avec des Blancs. Ils ne comprennent pas non plus qu'il soit sans arrêt dans les journaux, à la télévision. Est-ce qu'il ne prend pas la grosse tête ? Il se prend pour une star en tournée ? C'est vrai que Martin Luther King appelle les journalistes dès qu'il organise des manifestations, dès qu'il parle. C'est vrai qu'il sillonne tout le pays, suivi par des dizaines d'appareils photo et de caméras. Pour lui, mener des actions non-violentes seul dans son coin ne sert à rien, il faut que le pays les voie, il faut que les Blancs voient les bus de manifestants empêchés d'avancer, attaqués, brûlés parfois. Émouvoir la population blanche fait partie de son plan.

33

Mais, à force de le voir avec des Blancs, de l'entendre condamner la moindre violence contre les Blancs, de l'entendre critiquer les organisations noires violentes, de plus en plus de Noirs le soupçonnent d'être un traître ou une marionnette manipulée par les dirigeants blancs. D'ailleurs, ce président qui le reçoit,

pourquoi le fait-il libérer de prison ? Beaucoup pensent que c'est uniquement pour se faire de la publicité auprès des Noirs, afin que les Noirs votent pour lui aux élections. Les dirigeants blancs, trop contents de trouver un chef noir non-violent, ne se servent-ils pas de lui pour calmer la population noire, pour l'endormir, et ne rien changer ?

34

Du racisme à l'envers

Martin Luther King connaît toutes ces critiques, il est même menacé de mort par des Noirs, mais il refuse de détester les Blancs parce qu'ils sont blancs. Il pense que refuser de travailler avec quelqu'un parce qu'il est blanc, c'est être raciste. Il ne veut pas prendre le pouvoir aux Blancs, il veut que les Noirs soient traités comme des citoyens américains,

qu'ils aient les mêmes droits que les Blancs.
Alors quand il entendra le slogan « *Black
Power* », « Pouvoir aux Noirs »,
que les étudiants noirs
crient et écrivent par-
tout, il sera furieux. Pour
lui, le pouvoir ne doit pas avoir de couleur,
un pouvoir qui a une couleur, quelle que soit
la couleur, est forcément raciste. Ce cri fait
mal à Martin Luther King parce que ses alliés
du début deviennent racistes, qu'ils font du
racisme à l'envers.

35

Dans quelques mois, des Noirs chasseront
les Blancs qui viennent manifester avec eux
pour les aider, comme si être victime du
racisme donnait le droit d'être raciste, comme
si être traité de « sale Noir » donnait le droit de
traiter de « sale Blanc », comme si être victime
donnait le droit d'être bourreau.

Pourtant, Martin Luther King comprend l'impatience des Noirs. Facile pour les Blancs de dire « *soyez patients* », facile de le dire quand on n'a jamais subi d'injustices. Des parents blancs n'ont jamais vu leur enfant pleurer parce qu'il ne pouvait pas entrer dans un parc d'attractions à cause de la couleur de sa peau. Martin Luther King comprend, mais il est inquiet quand il voit que le mouvement de résistance qu'il a lancé dégénère en luttes sanglantes.

Birmingham, mai 1963

Martin Luther King a un plan, un plan dangereux : organiser des manifestations dans la ville la plus raciste des États-Unis, Birmingham, dans l'Alabama. Il veut provoquer le chef de la police, Eugène Connor, un Blanc violent,

36

ultraraciste, connu dans tout le pays pour sa sauvagerie contre les Noirs.

Des images. Des images de violence contre les Noirs, voilà ce que Martin Luther King veut. Il a bien choisi son endroit, il sait parfaitement que la réaction de Connor et ses troupes sera terrible, et pourtant il demande aux enfants de venir manifester, et pourtant il demande aux femmes, aux familles, de descendre chaque jour dans la rue. Connor a interdit les manifestations, tout le monde risque la prison, tout le monde le sait, mais tous répondent à l'appel de Martin Luther King.

Chaque jour, des femmes, des enfants, des hommes, manifestent. Comme prévu, ils sont embarqués en prison, et ils y vont avec un air de triomphe. Beaucoup vont directement se faire emprisonner, des centaines d'enfants vont tout droit au poste de police se faire

enfermer. Connor, voyant ses prisons se remplir à ras bord de Noirs qui le narguent, devient fou furieux. Début mai 1963, sa rage explose, il lance l'attaque. Chaque jour, les policiers foncent dans la foule en frappant à coups de matraque. Connor fait régler les lances à eau des pompiers à leur force maximale, une force capable de détruire des murs de briques. Ces lances sont braquées sur les manifestants, la puissance de l'eau les plaque contre les murs,

38

les enfants, trop légers, ne peuvent pas résister et sont projetés en l'air, les plus petits s'écrasent par terre et se font rouler dans les rues sur des dizaines de mètres. Les chiens policiers, dressés à mordre uniquement les peaux noires, attaquent. Le gouvernement des États-Unis panique, il est prêt à envoyer des soldats et des chars pour protéger les Noirs, il se demande si la guerre contre le Sud ne recommence pas.

39

Martin Luther King est en prison, avec plus de 3 500 Noirs.

Mais les caméras de télévision ont tout filmé, le monde entier a vu ces images de folie, le pays est sous le choc, comme si les Blancs découvraient pour la première fois la furie raciste.

Et, miraculeusement, tout se calme.

Merci monsieur Connor, pourrait dire Martin Luther King, en sortant de prison, merci de m'avoir aidé à donner ces images au pays, merci d'avoir fait la meilleure des publicités pour le mouvement des droits des Noirs. En voyant la violence de Birmingham, des milliers de Blancs se sont sentis vraiment mal. On n'est pas innocent quand on voit des horreurs et qu'on ne fait rien.

Et la non-violence?

Les émeutes se répandent dans tous les États-Unis, à Cambridge dans le Maryland, à Danville en Virginie, à New York, à Los Angeles, à Detroit… « *Remplissez les prisons!* » continue de crier Martin Luther King. Résultat : le problème des Noirs est devenu le problème numéro un du gouvernement américain.

C'est triste à dire, mais plus la police blanche cogne sur les manifestants noirs, plus les Noirs sont emprisonnés et maltraités, plus ces images passent à la télévision et dans les journaux… et plus le mouvement de Martin Luther King a de succès. Comme s'il fallait du sang et de la souffrance bien visibles pour que les gens réagissent.

Martin Luther King regrette-t-il quand même ? Se sent-il coupable d'avoir fait descendre les enfants dans la rue ? A-t-il le

sentiment d'avoir trahi ses croyances en la non-violence ? Il n'est pas naïf, il savait que le combat démarré à Montgomery et étendu maintenant à tout le pays ferait des dégâts.

Il n'a sans doute pas de regrets d'avoir pro-voqué Connor, puisque quelques jours plus tard il va annoncer, dans la capitale des États-Unis, Washington : « *Il n'y aura plus de repos ni de tranquillité jusqu'à ce qu'on garantisse aux Noirs leurs droits.* »

Washington, 28 août 1963 : « *I have a dream...* » « *J'ai un rêve...* »

Il fait très chaud ce jour-là, et pourtant sur les routes des milliers d'hommes, de femmes et d'enfants noirs marchent. Des Blancs aussi, beaucoup de Blancs marchent à côté des Noirs. Ils marchent tous vers Washington.

Ils sont 250 000. Ce n'est pas une attaque. Ce n'est pas une révolution. Ce n'est pas une nouvelle provocation. C'est une immense marche calme et silencieuse. Martin Luther King les attend. Quand la foule s'est installée, il se lève, marche vers les micros et parle.

43

    « *Je suis heureux de vous retrouver aujourd'hui pour ce qui restera la plus grande manifestation pour la liberté dans l'histoire de notre pays.* […]

    J'ai un rêve aujourd'hui. […]

    J'ai un rêve, que mes 4 enfants vivent dans un pays où ils ne sont pas jugés sur la couleur de leur peau, mais sur ce qu'ils sont vraiment. […]

J'ai un rêve, que soient assis à la même table d'amitié les descendants des esclaves et de leurs maîtres... »

Ce jour-là, Martin Luther King fait un discours qui touche le cœur de millions de Blancs, un discours dont le monde entier se souvient encore, 40 ans après. Avec ses mots, Martin Luther King continue de faire avancer l'idée que le racisme est inacceptable.

1964 : Rome, Berlin... Connu dans le monde entier

Quel chemin depuis le 1er décembre 1955 et la petite église de l'avenue Dexter de Montgomery!

En 1964, Martin Luther King est invité à Rome par le pape, il est reçu en Allemagne, le monde entier le connaît, et, à peine quelques mois après son discours de Washington, il reçoit un prix mondial : le prix Nobel de la paix. Une récompense pour l'homme ou la femme qui a le plus fait avancer la paix dans le monde.

Aux États-Unis, du concret. La même année, on annonce une grande loi sur les droits civiques des Noirs : les Noirs doivent avoir les mêmes droits que les Blancs dans les écoles, au travail, dans les transports, les hôpitaux, les mairies, les tribunaux, les bureaux de vote… Rien de bien nouveau, ce genre de loi existe depuis un siècle ! Mais c'est la première fois qu'un président a la volonté de la faire appliquer. Fallait-il que Martin Luther King devienne une célébrité pour que les choses bougent ? On dirait qu'un petit pasteur noir qui demande calmement des lois justes n'intéresse personne, mais quand ce pasteur

45

devient une star, quand ce pasteur a ses photos en première page des journaux du monde entier, et qu'il est capable de déclencher des émeutes, alors là, c'est différent.

Fidèle à ses idées

« *Demi-tour, faites tous demi-tour!* » ordonne Martin Luther King. Les 1 500 manifestants ne comprennent pas. Martin Luther King leur a demandé de venir manifester ce jour-là à Selma, près de Montgomery, pour défendre le droit de vote des Noirs. Et soudain il leur ordonne de s'arrêter et de faire demi-tour. Au loin, il a aperçu des policiers blancs qui barrent la route. Il ne veut pas passer en force et risquer la bagarre. Veut-il éviter de recommencer les violences de Birmingham ? Avant de faire demi-tour, il demande même aux manifestants

46

de s'agenouiller, en plein milieu de la route, devant les policiers blancs, et de prier. Les manifestants obéissent mais la plupart sont furieux. En ce mois de mars 1965, ils pensent que Martin Luther King se dégonfle, qu'il n'a rien compris, que ses méthodes ne marcheront jamais. Beaucoup de Noirs, surtout les jeunes, ne lui font plus confiance. Martin Luther King est de plus en plus souvent pris en tenaille entre les Blancs qui lui promettent des changements et les Noirs qui trouvent que tout traîne.

47

Quand on refuse la moindre violence même pour atteindre un objectif juste, on est vite accusé d'être mou, faible, trouillard, de ne pas oser aller jusqu'au bout.

Martin Luther King aurait pu se laisser influencer, crier « *À l'attaque!* », rejoindre les mouvements noirs violents, devenir un grand chef de guerre, être adoré par tous les Noirs

d'Amérique qui auraient applaudi des discours de haine contre les Blancs. Rien de plus facile que d'exciter des gens maltraités et méprisés.

C'est rare de rester fidèle à ce que l'on croit, surtout si on vous propose de l'argent, une vie dorée, du pouvoir, de la gloire, c'est dur de prendre le risque de ne pas être compris par ceux de son camp. Peu d'hommes et de femmes politiques prennent ce risque. Martin Luther King l'a pris.

Août 1965 : « *Monsieur le Président, arrêtez les bombardements !* »

Martin Luther King est devenu un homme politique. Il s'occupe des droits des Noirs, mais aussi des pauvres, des sans-logis, des éboueurs, des ouvriers, des exclus de la société.

Il commence à sérieusement énerver les dirigeants blancs. Que ce Noir s'occupe des histoires de Noirs passe, mais qu'il se mêle des
affaires du pays, ça, non!

Alors, quand il donne son avis sur la guerre
que les Américains sont en train de faire au
Vietnam, alors là, il fait plus que les agacer, il
se les met tous à dos.

Les États-Unis ont envoyé au Vietnam, un *49*
pays d'Asie, des milliers de soldats pour combattre leurs ennemis, les communistes. Martin
Luther King est bien sûr contre la guerre,
il est contre n'importe quelle guerre. Il le dit
et demande au président Johnson d'arrêter
les bombardements, d'arrêter la guerre.
Scandale! Martin Luther King ose ne pas
soutenir son pays, il ose critiquer cette guerre
contre ceux que les Américains appellent
le diable, des communistes qui menacent

50

les libertés dans le monde. Trop, c'est trop, ce Martin Luther King dépasse les limites, et le voilà une nouvelle fois accusé de trahison, mais cette fois-ci par les dirigeants blancs. Le président Johnson ne veut plus entendre parler de cet agitateur : en août 1965, trois ans après avoir été reçu par John Kennedy, les relations entre Martin Luther King et les dirigeants blancs sont terminées, Martin

Luther King ne peut plus compter sur leur aide. Pire : il est surveillé par les services secrets du gouvernement, on l'accuse d'être un espion communiste, tout est fait pour le faire passer pour un dangereux ennemi du pays.

Et les lois pour libérer les Noirs, que deviennent-elles ? Nous avons mieux à faire, répondent les dirigeants blancs, nous défendons les libertés dans le monde.

51

1967 : la révolution

Martin Luther King en a assez, assez de recevoir des miettes de libertés, assez de quémander des petites lois, à droite, à gauche, pour les bus, pour les cafétérias, pour les écoles, assez de ces Blancs qui donnent des libertés au compte-gouttes.

Les Noirs qui le critiquent ont-ils raison ? En devenant un homme politique, écouté, reconnu, a-t-il fait du mouvement de lutte un mouvement politique normal, qui avance, petite loi après petite loi, doucement, gentiment ? S'est-il laissé bercer par les promesses, s'est-il endormi en fréquentant les riches et puissants Blancs, plus souvent que les Noirs de la rue ? Peut-être qu'il donne bonne conscience aux Blancs, peut-être que grâce à lui les dirigeants blancs peuvent dire : « *Mais regardez, nous ne sommes pas si méchants que cela, nous respectons les Noirs, nous aimons monsieur King, nous travaillons avec lui, nous le laissons parler, voyager, réclamer, nous ne l'enfermons pas, mieux, nous le faisons sortir de prison à chaque fois.* »

Assez. Terminé. Martin Luther King veut un changement total, global. Il veut la justice, toute

la justice, tout de suite. Il faut faire une révolution. Martin Luther King n'a pas oublié ses
croyances en la non-violence : la révolution qu'il
veut faire est une révolution des consciences.

1967 : honte à vous !

« *Au Vietnam, les Noirs et les Blancs tuent et
meurent ensemble pour les États-Unis, un pays
qui n'est pas capable de les faire s'asseoir dans
les mêmes salles de classe.* […]

*Vous prenez des jeunes Noirs exclus ici, vous les
envoyez à 13 000 kilomètres d'ici pour défendre
des libertés qu'ils n'ont pas dans leur propre
pays.* »

Le monde entier entend cela, tous les
Américains entendent cela, c'est révolution-
naire parce que Martin Luther King tape là

53

où c'est interdit de taper, il tape sur la fierté que les Américains ont de leur pays. Les États-Unis d'Amérique, pas capables d'assurer des libertés chez eux ? Ce pays qui dit les défendre à l'autre bout du monde ?

La honte. Martin Luther King veut que chaque Blanc américain ait honte. Il veut qu'en se rasant le matin les Blancs ne puissent plus se regarder dans la glace, que chaque mère blanche, en passant la porte d'un square interdit aux Noirs, ne puisse plus sourire en regardant son enfant faire des pâtés de sable, il veut que les Américains ne puissent plus regarder leur drapeau sans avoir honte. Il veut que chaque Américain se sente coupable, que personne ne puisse jamais dire « *je ne savais pas* ». Que personne ne puisse dire que c'est la faute des autres, que chacun ressente que c'est sa faute aussi.

55

4 avril 1968

Martin Luther King est mort le 4 avril 1968, à 39 ans, d'une balle en pleine tête. Un tireur le guettait à la sortie de sa chambre d'hôtel, avec un fusil à lunette, il ne pouvait pas le rater. Ce tireur, membre d'une organisation blanche raciste, a été arrêté. Mais, aujourd'hui encore, l'enquête continue : a-t-il décidé tout seul dans son coin de tuer Martin Luther King,

ou travaillait-il pour quelqu'un ? Une chose est certaine : Martin Luther King a été assassiné au moment où il gênait le plus.

Une nouvelle honte est née ce jour-là aux États-Unis : John Fitzgerald Kennedy, le président, a été assassiné en 1963, maintenant c'est le tour de Martin Luther King.

56   Vivant, Martin Luther King dérangeait tout le monde, mort, il est un héros pour tout le monde : son enterrement est suivi à la télévision par 120 millions d'Américains ; le président Johnson, qui ne voulait plus le voir, déclare un deuil national, les magasins ferment, les écoles ferment, les bureaux ferment, tout ferme en signe de deuil, les drapeaux américains sont baissés. Sauf dans l'État du Sud le plus raciste, la Géorgie, là où Coretta et ses 4 enfants enterrent leur mari et père.

Et son rêve ?

Aujourd'hui, le racisme est sévèrement puni par la loi, aux États-Unis. Martin Luther King et ceux qui ont continué son combat ont réussi à réveiller la Constitution. Aujourd'hui, ce sont peut-être le jeune homme et le conducteur du bus de Montgomery qui iraient au poste de police, certainement pas Rosa Parks. Un Noir qui ne serait pas servi dans une cafétéria pourrait faire un procès et le gagner, et il est impensable de voir quelque part dans le pays un panneau « *Interdit aux Noirs* ».

Et les cœurs, et les mentalités ?

Il y a des ministres noirs dans le gouvernement américain, des présentateurs de télévision noirs, des stars de cinéma noires à Hollywood, et le troisième lundi de janvier est un jour férié, il s'appelle « le jour Martin

Luther King ». Les enfants américains connaissent tous Martin Luther King, les livres d'école racontent sa vie et son combat, sa photo est dans des milliers de salles de classe. Cela ne veut pas dire que le racisme est fini. Souvent on se sert de tout cela pour se donner bonne conscience.

Partout dans le monde, des hommes de couleurs de peau différentes, d'origines différentes, de religions différentes, se battent entre eux, sans autre raison que leurs différences. Blancs contre Noirs, Noirs hutus contre Noirs tutsis, musulmans contre juifs, chrétiens contre musulmans, Chinois contre Tibétains bouddhistes, catholiques contre protestants…

Combien de vies comme celle de Martin Luther King faudra-t-il ? ■

Sommaire

Martin Luther King est né en 1929 à Atlanta, Géorgie, dans le sud des États-Unis. Une région extrêmement raciste, où les Noirs étaient traités comme des sous-hommes et devaient rester à l'écart des Blancs. Fils de pasteur, Martin Luther King devient pasteur mais son projet est de partir dans le Nord, pour vivre loin du racisme et de la pauvreté. Mais en 1955 il est encore pasteur dans l'État d'Alabama et il combat une loi qui oblige les Noirs à laisser leur place aux Blancs dans les bus. Cette action s'étend dans tout le pays et le pasteur King devient le leader d'un mouvement non-violent pour la justice et l'égalité, dans tous les États-Unis. Il sait trouver les mots qui touchent les gens, il utilise aussi très habilement les journalistes, les images, les campagnes politiques, pour réunir autour de lui des centaines de milliers de personnes, noires et blanches. Il est assassiné le 4 avril 1968.

Les auteurs

Brigitte Labbé est écrivain. Elle est coauteur
de tous les ouvrages des collections « De Vie en vie »
et « Les Goûters Philo » parus aux Éditions Milan.
Michel Puech est professeur agrégé de philosophie.
Il est coauteur des « De Vie en vie » nos 1 à 20
et des « Goûters Philo » nos 1 à 25.

Les illustrateurs

Jean-Pierre Joblin a réalisé les dessins de l'intérieur.
Tony Grippo a conçu le *flip-book*.

Dans la même collection

Ouvrage publié avec l'aide
du Centre national du livre.

© 2003 Éditions MILAN
300, rue Léon-Joulin, 31101 Toulouse Cedex 9 – France
Droits de traduction et de reproduction réservés pour tous les pays.
Toute reproduction, même partielle, de cet ouvrage est interdite.
Une copie ou reproduction par quelque procédé que ce soit,
photographie, microfilm, bande magnétique, disque ou autre,
constitue une contrefaçon passible des peines prévues par la loi
du 11 mars 1957 sur la protection des droits d'auteur.
Loi 49.956 du 16.07.1949
Dépôt légal : 2e trimestre 2008
ISBN : 978-2-7459-3079-8
Imprimé par Aubin Imprimeur,
86240 Ligugé - France